Mitchell Symons
Verrückte Fakten für Forscher und Entdecker
Warum ist es gesund, Popel zu essen?

Mitchell Symons, geboren 1957, studierte in London Jura und arbeitete anschließend als freier Journalist und Autor. Er hat bereits über vierzig Bücher veröffentlicht und gehört zu den Erfindern des Brettspiels „Trivial Pursuit". Als einer seiner Freunde gefragt wurde, wen er als Telefonjoker bei einer Quizshow einsetzen würde, sagte dieser: „Mitchell, denn der hat mehr nutzloses Wissen über absolut überflüssige Dinge als sonst irgendjemand!"

Mitchell Symons

VERRÜCKTE FAKTEN
für Forscher und Entdecker

Warum ist es gesund, Popel zu essen?

Aus dem Englischen
von Susanne Bonn

Ravensburger Buchverlag

Als Ravensburger Taschenbuch
Band 53130
erschienen 2014

1 2 3 4   17 16 15 14

© 2014 der deutschsprachigen Ausgabe
Ravensburger Buchverlag Otto Maier GmbH
Copyright © Mitchell Symons 2006, 2007, 2008, 2009, 2010
This work contains material taken from
How to Avoid a Wombat's Bum © Mitchell Symons 2006
Illustrations copyright © Sara Freeman 2006,
Why Eating Bogeys Is Good for You © Mitchell Symons 2007
All Illustrations copyright © Artful Doodlers 2007 and © iStock 2007,
How Much Poo Does an Elephant Do? © Mitchell Symons 2008
Illustrations copyright © Artful Doodlers 2008,
Why Do Farts Smell Like Rotten Eggs? © Mitchell Symons 2009
Illustrations by Tim Wesson,
copyright © Random House Children's Books 2009,
Why Does Ear Wax Taste So Gross? © Mitchell Symons 2009
Illustrations copyright © Artful Doodlers 2009,
Do Igloos Have Loos? © Mitchell Symons 2010
Illustrations copyright © Nigel Baines 2010,
Why You Need a Passport When You're Going to Puke
© Mitchell Symons 2010
Illustrations copyright © Artful Doodlers 2010
first published by Random House
Children's Publishers UK.
The right of Mitchell Symons to be identified
as the author of this work has been asserted in accordance
with the Copyright, Designs and Patents Act 1988.
Umschlaggestaltung: unter Verwendung von Illustrationen von
Tim Wesson, Artful Doodlers und Nigel Baines sowie Fotos von fotolia
Alle Rechte dieser Ausgabe vorbehalten durch
Ravensburger Buchverlag Otto Maier GmbH
Printed in Germany

ISBN 978-3-473-53130-1

www.ravensburger.de

Für alle Popel-Esser

Für alle Kinder,
ganz besonders für meine eigenen

Meiner Ehefrau Penny
und meinen Söhnen Jack und Charlie
in Liebe und Dankbarkeit

Für meine wunderbaren Schwestern Jenny und Gilly.
Wenn sie tatsächlich die Hässlichen Schwestern sind,
wie ich es immer behaupte,
dann bin ich wohl Aschenputtel.
Wie komisch ist das denn?!

Auch für dich, lieber Leser,
denn ohne dich würde ich Selbstgespräche führen

Für alle von euch, die dieses Buch
wegen seines Titels,
und für alle, die dieses Buch trotz seines Titels
gekauft haben

Für alle meine Freunde, meine Familie
und meine Leser auf der ganzen Welt

INHALT

$E = MC^2$
ALBERT EINSTEIN

Albert Einstein (1879–1955) gilt weithin als der größte Wissenschaftler des 20. Jahrhunderts – oder sogar aller Zeiten. Er war ein ungewöhnlicher Mensch:

☞ Erst mit neun Jahren konnte er richtig sprechen.

☞ Ihm wurde das Amt des israelischen Präsidenten angeboten, doch er lehnte ab.

☞ Beim Abitur fiel er im ersten Anlauf durch.

☞ 1921 erhielt er den Nobelpreis für Physik.

☞ Gegen Ende seines Lebens wurde er Vegetarier.

☞ Das chemische Element Einsteinium ist nach ihm benannt.

☞ Als er die amerikanische Staatsbürgerschaft erhielt, erschien er ohne Strümpfe zur Zeremonie.

☞ Die letzten Worte Albert Einsteins wurden nicht überliefert – die Krankenschwester, die ihn betreute, verstand kein Deutsch.

☞ 1999 wurde er von der einflussreichen amerikanischen Zeitschrift *Time* zur Person des Jahrhunderts gewählt.

☞ Das Gehirn von Albert Einstein wurde nach seinem Tod konserviert.

VERRÜCKTE ERFINDER

Das Markenzeichen der Firma Nike, der „Swoosh",
wurde 1971 von Caroline Davidson entworfen.
Sie bekam dafür 35 Dollar.

**Der Schraubenzieher wurde vor der
Schraube erfunden.**

Schraubenzieher wurden
zuerst dafür verwendet,
Rittern beim Ausziehen
ihrer Rüstung zu
helfen.

**Der Rauchmelder wurde
1969 erfunden.**

Lipgloss wurde 1928 von Max Factor erfunden, **11**
als er nach einer Substanz suchte, die die
Lippen von Filmschauspielern glänzen lässt.

Pitcairn Airlines war die erste Fluggesellschaft, die Kotztüten zur Verfügung stellte (1922).

Die Armbanduhr wurde 1904 von Louis Cartier erfunden.

Die erste Brille wurde 1285 in Italien getragen.

Im Verhältnis zur Bevölkerungsgröße hat Dänemark die meisten Nobelpreise erhalten.

Der erste Roman, der auf einer Schreibmaschine getippt wurde, war „Die Abenteuer des Tom Sawyer".

Die chemische Reinigung wurde 1849 von dem Franzosen Jolly-Belin erfunden. Er entdeckte die Methode zufällig, als er auf einer Tischdecke eine Lampe umwarf und feststellte, dass die Stellen, die mit dem Spiritus aus der Lampe in Berührung gekommen waren, sauberer waren als der Rest.

Sir Arthur Conan Doyle, der Autor der Sherlock-Holmes-Bücher, soll angeblich das Skifahren in der Schweiz eingeführt haben.

1890 arbeitete zum ersten Mal ein Chirurg mit Gummihandschuhen.

Leonardo da Vinci erfand einen Wecker, der die Schlafenden an den Füßen kitzelte.

Lego wurde 1949 in Dänemark erfunden. Die Bausteine hießen ursprünglich automatische Verbundsteine.

Die ersten Kontaktlinsen wurden 1930 verkauft.

Nottingham hatte als erste Stadt der Welt Schilder in Blindenschrift in den Einkaufszentren.

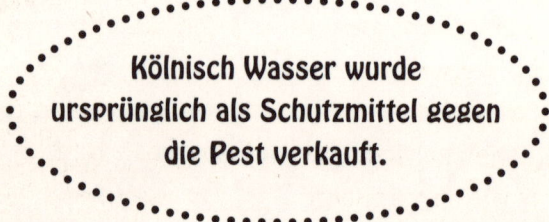

Kölnisch Wasser wurde ursprünglich als Schutzmittel gegen die Pest verkauft.

Dunkellila war der erste synthetische Farbstoff.

Die Chinesen nutzen Fingerabdrücke seit 1500 Jahren zur Identifizierung. Es war aber ein Belgier, der auf die Idee kam, Fingerabdrücke zur Überführung von Verbrechern zu verwenden.

Vor dem 19. Jahrhundert gab es keine unterschiedlichen Schuhe für den rechten und den linken Fuß.

1911 stürzte sich der in Großbritannien geborene Zirkusartist Bobby Leach als erster Mann* in einem Fass die Niagarafälle hinunter und überlebte – allerdings lag er anschließend 23 Wochen im Krankenhaus. Er starb 15 Jahre später, nachdem er in Neuseeland auf einer Orangenschale ausgerutscht war.

*Aber nicht als erster Mensch.
Das war 1901 Annie Edson Taylor,
eine 63 Jahre alte Lehrerin.

Linoleum, das in vielen Küchen als Boden- belag dient, wurde 1863 von Frederick Walton in London zum Patent angemeldet.

Roboter gibt's seit 2000 Jahren!

Das erste roboterähnliche Gerät war eine Wasseruhr, die 250 v. Chr. in Ägypten gebaut wurde.

Geniale Erfindungen von Frauen

Kugelsichere Weste, Notausgang, Scheibenwischer, Laserdrucker, Nähmaschine, Unterwasserfernrohr, Baumwollnähgarn (dafür wurde das allererste Patent in den USA vergeben), schnurloses Telefon, Kondensmilch, Weltraumanzug, Wackelpudding, Barbiepuppe, Schokokeks, Kreissäge, Spülmaschine, Wegwerfwindel, elektrischer Wasserkocher, Bügelbrett, Motorradhelm, Rettungsboot, Spritze, Nudelholz, Kreiskolbenmotor und Imprägniermittel

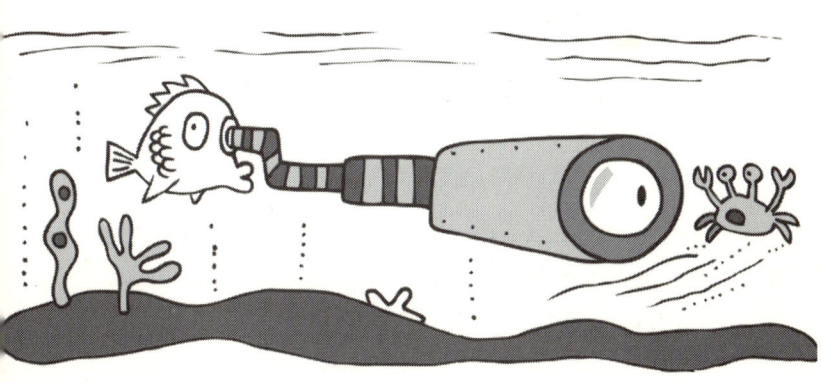

**Alfred Nobel erfand Dynamit,
sein Vater Emmanuel erfand Sperrholz.**

18

Orville Wright, der das erste flugfähige
Flugzeug baute, war auch am ersten Flugunfall
beteiligt. Sein einziger Passagier,
ein Amerikaner, kam dabei ums Leben.

Der niederländische Erfinder Cornelius van Drebbel ließ 1620 in der Themse das erste U-Boot der Welt zu Wasser. Das erste Militär-U-Boot, die Turtle, wurde 1775 gebaut.

Thomas Edison, der Erfinder der Glühbirne, fürchtete sich im Dunkeln.

Das erste Farbfoto wurde 1861 von James Maxwell aufgenommen. Er fotografierte eine Schleife mit Karomuster.

Am 6. April 1925 wurde bei einem Lufthansa-Flug erstmals ein Film an Bord eines Flugzeuges gezeigt.

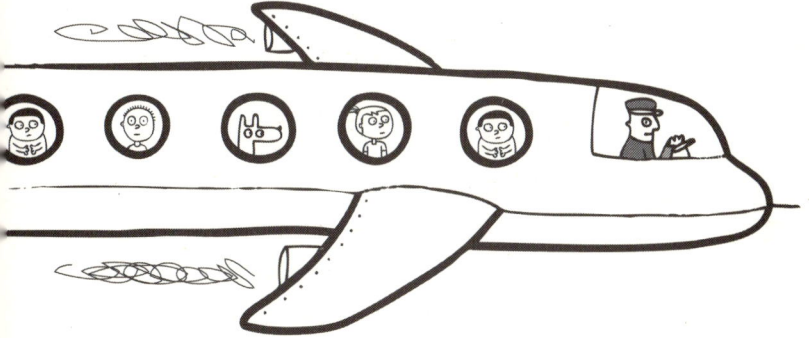

Henry Ford gründete die Autofirma Ford, hatte aber nie einen Führerschein.

Henry Ford ließ den berühmten Autotyp Modell T nur in Schwarz bauen, weil schwarzer Lack damals schneller trocknete als andere Farben.

Das erste Foto des Mondes wurde 1839 von Louis Daguerre aufgenommen, war aber ziemlich unscharf. Das erste erkennbare Foto machte J. W. Draper ein Jahr später.

Der elektrische Rasierapparat wurde von Jacob Schick erfunden. Während des Ersten Weltkriegs diente er bei der amerikanischen Armee in Alaska. Weil er keine Lust mehr hatte, jeden Morgen vor dem Rasieren die Eisschicht im Waschbecken aufzuhacken, entwickelte er den ersten Rasierapparat. Er ließ ihn 1923 patentieren, brachte ihn für 25 Dollar auf den Markt und verkaufte bis 1937 fast zwei Millionen Stück.

Die Mikrowelle wurde erfunden, als ein Forscher an einem Radargerät vorbeiging und eine Tafel Schokolade in seiner Tasche schmolz.

Der erste Computer,
der Apple II,
kam 1977
auf den Markt.

Neun Zehntel der Wissenschaftler,
die es je auf der Welt gab,
leben heute.

**Die ersten mit einem Strichcode
versehenen Produkte
waren Wrigley's-Kaugummis.**

Lecker-schmecker

Tee wurde angeblich im Jahr 2737 v. Chr. von einem chinesischen Kaiser entdeckt, als der Wind zufällig einige Teeblätter in einen Topf mit kochendem Wasser wehte.

Der Teebeutel wurde 1908 von Thomas Sullivan aus New York erfunden.

Kaffee wurde zuerst in Äthiopien getrunken. Das Wort Kaffee kommt von Kaffa, dem Namen einer Provinz im Süden Äthiopiens.

Seit mindestens 7000 Jahren wird Wein hergestellt.

Der Trinkhalm wurde von ägyptischen Bierbrauern erfunden. Sie wollten während des Brauens das Bier probieren, ohne die gärende Masse an der Oberfläche umzurühren.

Kartoffeln wurden erstmals in Peru angebaut.

Im späten 17. Jahrhundert kam die Limonade in Paris als erstes Erfrischungsgetränk auf den Markt.

Die erste Diätlimonade kam 1952 auf den Markt.

23

Das erste Selbstbedienungsrestaurant, das Exchange Buffet, wurde 1885 in New York eröffnet. Dort durften nur Männer essen.

Der erste Supermarkt der Welt wurde in Frankreich eröffnet.

Der amerikanische Präsident Thomas Jefferson baute die ersten Tomaten in den USA an. Er wollte beweisen, dass die Früchte nicht giftig waren, wie man damals annahm.

Tomatenketchup wurde früher als Arzneimittel verkauft.

Die Milchschokolade wurde von Daniel Peter erfunden. Er verkaufte die Idee an seinen Nachbarn Henri Nestlé.

Von Coca-Cola wurden im ersten Jahr nur
25 Flaschen verkauft.

**Mineralwasser mit
Kohlensäure wurde 1767
von John Priestley erfunden.**

Aspirin kam im Jahr 1900 als erste wasser-
lösliche Tablette auf den Markt.

Bei der Welt-
ausstellung 1904
in Saint Louis
wurden zum
ersten Mal
Eiswaffeln
vorgestellt.

Das erste Eis am Stiel entstand 1923, als der Limonadenhändler Frank Epperson ein Glas Limonade mit einem Löffel darin in einer kalten Nacht auf der Fensterbank stehen ließ.
Am nächsten Morgen hatte er ein Eis am Stiel.

M&Ms wurden erfunden, damit die Soldaten Schokolade essen konnten, ohne klebrige Finger zu bekommen.

Die Ur-Ur-Großväter von E-Mail & SMS

Papier wurde im frühen zweiten Jahrhundert von den Chinesen erfunden.

```
Die Schreibmaschine wurde 1714 von
Henry Mill patentiert; er brachte seine
Erfindung allerdings nie auf den Markt.
```

Das erste Volk, das schreiben konnte, waren die Sumerer im dritten Jahrtausend v. Chr.

Die erste interkontinentale elektronische Kommunikation fand 1871 statt, als der Name des Siegers eines Pferderennens in weniger als fünf Minuten von London nach Kalkutta telegrafiert wurde.

Das erste Kopiergerät wurde 1778 von James Watt, dem Erfinder der Dampfmaschine, erfunden und 1780 patentiert. Er wollte sich damit die viele Schreibarbeit erleichtern, die das Dampfmaschinengeschäft mit sich brachte.

Die ersten Postkarten wurden 1869 in Österreich verschickt.

Liebste Mutter,
allerherz-
lichste Grüße
aus Wien!

Deine Anna

POSTKARTE

Die erste Nachricht, die Samuel Morse mit dem von ihm erfundenen Telegrafen übermittelte, lautete: „Was hat Gott geschaffen?"

Das erste, das Thomas Edison mit
dem Phonografen aufzeichnete, war
der amerikanische Kinderreim
„Mary had a little lamb".

Alexander Graham Bell,
der Erfinder des Telefons,
telefonierte nie mit seiner
Frau oder seiner Mutter,
denn beide waren taub.

**Die ersten Worte, die Alexander Graham Bell
in seinen Apparat sprach, lauteten: „Watson,
kommen Sie her, ich brauche Sie!"**

Die erste SMS wurde im Dezember 1992 verschickt.

1967 entwickelte der amerikanische Typografen-
Verband ein neues Satzzeichen, das eine Kombina-
tion aus Fragezeichen und Ausrufezeichen sein
sollte und Interrobang genannt wurde. Es wurde
selten verwendet und ist heute kaum noch in
Gebrauch.

Der Kugelschreiber, erfunden von dem Ungar Laszlo Biró, wurde erstmals im Zweiten Weltkrieg von der amerikanischen Luftwaffe verwendet. Am 9. Oktober 1945 wurde er in einem New Yorker Kaufhaus zum Verkauf angeboten. Mehr als 5000 Menschen drängten sich in das Geschäft, um Kugelschreiber für die beachtliche Summe von 12,50 Dollar pro Stück zu kaufen. Großformatige Anzeigen versprachen den Käufern, dass der Stift in großer Höhe, unter Wasser und an Land funktionieren würde.

Menschen, nach denen Dinge benannt wurden

- Louis Braille – die Blindenschrift Braille
- Robert Bunsen – der Bunsenbrenner
- Rudolf Diesel – der Dieselmotor
- Adolphe Sax – das Saxofon
- Earl Silas Tupper – die Tupperdose
- John Macadam – die Macadamianuss
- Jean Nicot – das Nikotin

All das gibt es seit den 1950er-Jahren

Rock 'n' Roll, Atom-U-Boote, Kreditkarten,
die Frisbeescheibe, Parkuhren, Disneyland,
das Guinness-Buch der Rekorde, die Raumfahrt,
Lego, Fernsehen (und auch Fernsehwerbung),
Diätlimonade, den Eurovision Song Contest,
Barbiepuppen, Fischstäbchen, elektrische
Wasserkocher, Mikrowellen, Zebrastreifen,
Teflon-Pfannen, Supermarktketten, Gokarts,
Deoroller und Impfung gegen Kinderlähmung

All das gibt es seit den 1960er-Jahren

Aluminiumfolie, gepolsterte Briefumschläge,
gewürzte Kartoffelchips, Plastiktüten, Turnschuhe,
Autos mit Hecktüren,
Selbstbedienungstank-
stellen, Fruchtjoghurt,
Taschenrechner, Filz-
stifte, Farbfernsehen,
den TÜV für Autos,
H-Milch, elektrische
Zahnbürsten, Sicher-
heitsgurte, Mutterschutz,
Pringles, Frischhaltefolie und Strichcodes

ZEHN MILLIONEN BAKTERIEN

In einem Gramm Erde leben etwa zehn Millionen Bakterien.

Heißes Wasser ist schwerer als kaltes.

Mit Nanotechnologie wurde eine Gitarre gebaut, die nicht größer ist als eine Blutzelle. Die Gitarre misst zehn Mikrometer und ihre Saiten klingen, wenn man sie anschlägt.

Welche der Linien ist länger?

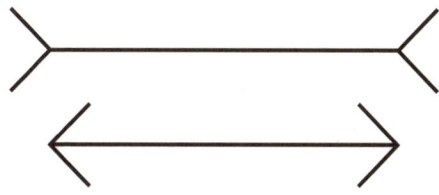

Beide Linien sind gleich lang, auch wenn es nicht so aussieht. Man nennt das die Müller-Lyer-Illusion.

Ein Auto, das 80 Kilometer pro Stunde fährt, braucht die Hälfte des Treibstoffes allein, um den Luftwiderstand zu überwinden.

Warmes Wasser gefriert schneller als kaltes – der sogenannte Mpemba-Effekt.

Schall wird von Stahl fünfzehnmal schneller übermittelt als von Luft.

In einem Experiment konnten Ratten die Sprachen Japanisch und Niederländisch unterscheiden.

Auf Höhe des Meeresspiegels ist es schwerer, Schallgeschwindigkeit zu erreichen, als auf einem Berg.

Mit Röntgenaufnahmen wurde festgestellt, dass unter der sichtbaren Version der Mona Lisa noch drei weitere Gemälde liegen.

Die Mona Lisa wurde 1517 von König Franz I. von Frankreich gekauft, um sie in einem Badezimmer aufzuhängen.

Es gibt unendlich viele Farben.

Jedes Megabyte, das über das Internet verschickt wird, verbraucht die Energie aus zwei Stück Kohle.

Wegen der Schwerkraft können Berge nicht höher sein als 15 000 Meter.

Im Periodensystem der Elemente kommen alle Buchstaben vor außer J und Q.

In einem Glas Wasser leben 20 000 Mikroorganismen.

In einem Liter Milch leben circa zehn Millionen Bakterien.

Wenn beide Steine gleich groß sind, ist ein makelloser Smaragd mehr wert als ein makelloser Diamant.

Perlen lösen sich in Essig auf.

Seifenblasen sind rund, weil von allen möglichen Formen eine Kugel die kleinste Oberfläche besitzt, um eine bestimmte Luftmenge einzuschließen.

Ein einziger Liter Altöl kann eine Million Liter Trinkwasser verschmutzen.

Gummibänder halten länger, wenn man sie im Kühlschrank aufbewahrt.

Ein Plastikbehälter braucht bis zu 50 000 Jahre, um zu verrotten.

Wegen der Erdumdrehung kann man Gegenstände in Richtung Westen weiter werfen.

Ganz gleich, wie hoch oder wie tief ein Flugzeug fliegt, sein Schatten ist immer gleich groß.

Die Löcher in einer Fliegenklatsche reduzieren den Luftwiderstand und ermöglichen somit ein schnelleres Zuschlagen. Aus dem gleichen Grund solltest du die Finger spreizen, wenn du mit der Hand eine Mücke totschlagen willst.

Die Stärke von Laserstrahlen wurde früher in Gillettes gemessen – der Anzahl Rasierklingen, die ein Strahl durchdringen konnte.

• •

In einer Studie wurden Kinder gebeten, sich vorzustellen, sie hätten warme Handschuhe an. Dann wurde die Temperatur ihrer Fingerspitzen gemessen. Ihre Hände waren so warm, als ob sie wirklich Handschuhe tragen würden.

• •

Oft sieht man in Teichen Methangasblasen aufsteigen. Das Gas entsteht bei der Zersetzung von toten Pflanzen und Tieren im Schlamm auf dem Grund des Teiches.

Ein Feuer breitet sich in der Regel bergauf schneller aus als bergab.

Helium ist das Element mit dem niedrigsten Siedepunkt (-269 °C).

Atome sind so winzig, dass ein einziges Sandkorn mehr Atome enthält, als Sandkörner an einem Strand liegen.

Um den Punkt am Ende dieses Satzes zu bedecken, bräuchte man etwa zwei Millionen Wasserstoffatome.

Als es auf Hawaii Mitte des 19. Jahrhunderts eine Rattenplage gab, wurden Mungos eingeführt, um sie zu jagen – aber das ging schief: Ratten sind nachtaktiv, die Mungos dagegen jagen am Tag.

Das einzige Gestein, das in Wasser schwimmt, ist Bimsstein.

Du hast bestimmt schon den Ausdruck „um Haaresbreite" gehört, wenn etwas gerade noch einmal gut gegangen ist. Nun, ein Haar ist ganze 0,05 Zentimeter (also einen halben Millimeter) breit.

Manche Lippenstifte enthalten Fischschuppen.

Sahne wiegt weniger als Milch.

Wenn man heißes Wasser in ein Glas gießt, zerbricht das Glas eher, wenn es dicke Wände hat, als bei dünnen Wänden. Deshalb werden Reagenzgläser aus dünnem Glas hergestellt.

Die Risse in zerberstendem Glas bewegen sich mit bis zu 4500 Kilometer pro Stunde.

Caesium und Gallium sind Metalle, die in deiner Hand flüssig werden würden, weil deine Körpertemperatur ausreicht, um sie zum Schmelzen zu bringen.

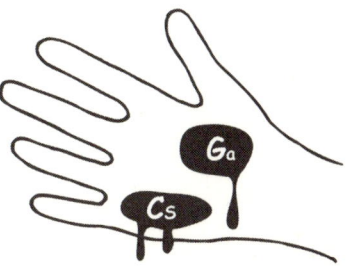

Brieftaschen aus Aalhaut können den Magnetstreifen auf einer Kreditkarte zerstören.

Ein Diamant kann nur durch starke Hitze zerstört werden.

Wellen im Ozean können so schnell sein wie Düsenjäger.

Das Metall mit dem höchsten Schmelzpunkt ist Tungsten. Es schmilzt bei 3410°C.

Im 17. Jahrhundert füllte man Thermometer mit Branntwein statt mit Quecksilber.

42 Nur vier Prozent der Energie, die eine Glühbirne verbraucht, wird in Licht umgewandelt. Der Rest in Wärme.

Das Meerwasser enthält genug Salz, um alle Kontinente mit einer 150 Meter dicken Salzschicht zu überziehen.

Wellen brechen, sobald sie höher sind als sieben Zehntel der Wassertiefe.

Ein Bürostuhl mit Rädern legt pro Jahr etwa zwölf Kilometer zurück.

Radiowellen sind so viel schneller als Schallwellen, dass eine Stimme im Radio eher in 18 000 Kilometer Entfernung zu hören ist als am anderen Ende des Raumes, in dem sie aufgezeichnet wurde.

Jedes Atom enthält Elektronen und Protonen. Dabei wiegt ein Elektron ein Zweitausendstel des Gewichts eines Protons.

**Wenn man eine Rosine
in ein Glas Sekt legt,
wandert sie zwischen Boden und
Oberfläche auf und ab.**

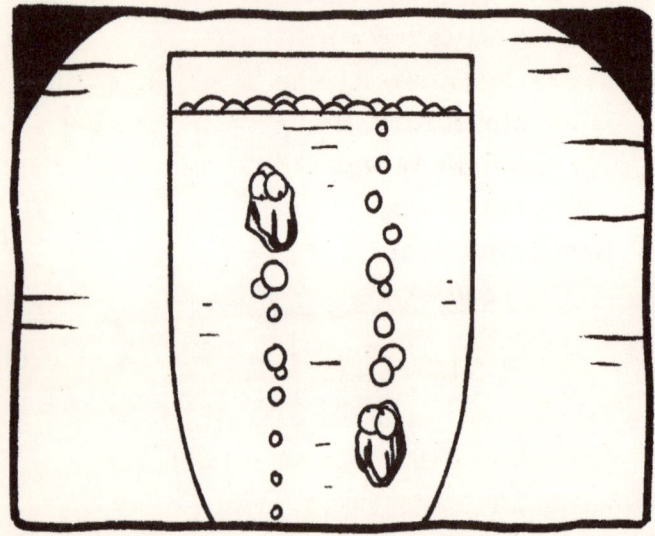

Für die ersten Fotografien mit Blitzlicht wurde
Magnesium verwendet, weil es mit heller Flamme
verbrennt.

**Die Mine eines gewöhnlichen Bleistifts
reicht aus, um eine über 50 Kilometer
lange Linie zu zeichnen.**

Der erste von Menschen hergestellte
Gegenstand, der die Schallmauer durchbrach,
war eine Peitsche.

Wenn man eine Eisenkugel an der tiefsten Stelle des
Meeres ins Wasser wirft, braucht sie länger als eine
Stunde, um auf den Meeresgrund zu sinken.

Wenn du eine
Handvoll Salz
langsam in ein
randvolles Glas Wasser
rieseln lässt, läuft es
nicht über.
Im Gegenteil,
der Wasserspiegel
sinkt sogar.

45

Es ist nicht alles Gold ...

Gold ist das einzige Metall, das nicht rostet – noch nicht einmal, wenn es für Tausende von Jahren im Boden vergraben liegt.

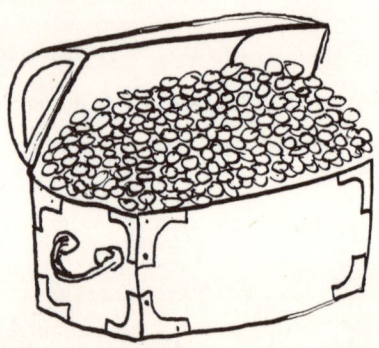

Indien ist das Land mit dem höchsten Goldverbrauch.

Gold war das erste Metall, das entdeckt wurde.

Südafrika fördert zwei Drittel des Goldes auf der Welt.

Reines Gold ist so weich, dass es mit der Hand verformt werden kann. Deshalb wird bei der Schmuckherstellung Kupfer hinzugefügt.

DEIN FRÜHSTÜCK UNTER DER LUPE

Ein Mensch öffnet durchschnittlich 22-mal am Tag den Kühlschrank.

Es gibt Süßstoffe, die über 200 000-mal süßer sind als Zucker.

Aus Kamelmilch kann man Joghurt herstellen, aber keine Butter.

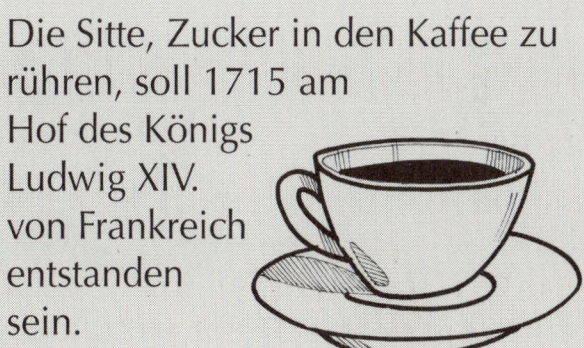

Die Sitte, Zucker in den Kaffee zu rühren, soll 1715 am Hof des Königs Ludwig XIV. von Frankreich entstanden sein.

47

Chilis werden in Südamerika schon seit mindestens 7000 v. Chr. gegessen, eine Zeit lang wurden sie auch als Währung verwendet.

Bananen wachsen mit der Spitze nach oben.

Der durchschnittliche Maiskolben enthält 800 Körner in 16 Reihen.

Olivenöl wird nur aus grünen Oliven hergestellt (nicht aus schwarzen).

Mandeln sind die ältesten Nüsse der Welt.

Apfelkerne enthalten das giftige Kaliumcyanid. Aber die Menge ist viel zu gering, als dass sie einem Menschen schaden könnte.

Wenn man Orangensaft zum Essen trinkt, hilft das dem Körper, Eisen aufzunehmen.

Die Mango ist die am häufigsten verkaufte Frucht der Welt; Indien ist der größte Mango-Produzent.

Etwa ein Viertel der Lebensmittel, die wir kaufen, wird weggeworfen.

1993 wurde ein Stück 200 Jahre alter Käse aus Tibet für 1513 Dollar versteigert.

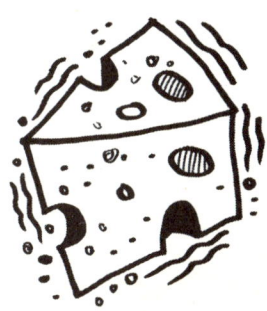

Man könnte auf Vanillepudding laufen; denn er wird fester, wenn Druck auf die Oberfläche ausgeübt wird.

Es kostet 10 000-mal mehr, einen Liter Mineralwasser herzustellen als einen Liter Leitungswasser.

Es gibt über 15 000 verschiedene Reissorten.

49

Die Paranuss ist das Lebensmittel mit der höchsten natürlichen Radioaktivität.

Salz ist das einzige Gestein, das der Mensch essen kann.

Salz gehört zu den wenigen Gewürzen, die man nur schmecken, aber nicht riechen kann.

Der linke Schenkel eines Hähnchens ist weicher als der rechte.

Schokoeis ist das beliebteste Eis auf der Welt, es wird dreimal so oft verkauft wie Vanille- und Bananeneis.

Mexiko war das erste Land, in dem große Mengen Schokolade hergestellt wurden.

Die DNA des Menschen stimmt zu einem Drittel mit der von Kopfsalat überein.

Ein Glas Erdnussbutter enthält etwa 548 Erdnüsse.

Die Flüssigkeit aus Kokosnüssen kann als Ersatz für Blutplasma dienen.

Spinat enthält nicht übermäßig viel Eisen. Dieses Gerücht entstand, weil das Komma bei der Eisenmengenangabe von Spinat an die falsche Stelle gerutscht war. Trotzdem ist Spinat reich an Eisen und sehr gesund.

Der Schmelzpunkt von Kakaobutter liegt knapp unter der Körpertemperatur. Deshalb zergeht dir Schokolade auf der Zunge.

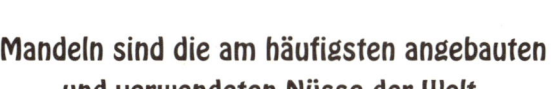

Mandeln sind die am häufigsten angebauten und verwendeten Nüsse der Welt.

Im Lauf deines Lebens wirst du etwa 27000 Kilogramm Lebensmittel verzehren.

> ☞ **Bananen bestehen zu etwa 75 Prozent aus Wasser.**
>
> ☞ **Kohl besteht zu 91 Prozent aus Wasser.**
>
> ☞ **Wassermelonen bestehen zu 92 Prozent aus Wasser. (Sie stammen aus der Kalahari-Wüste in Afrika.)**
>
> ☞ **Eine Gurke besteht zu 96 Prozent aus Wasser.**

Aus Spargel kann man Papier herstellen.

Weizen ist die am häufigsten angebaute Pflanze der Welt. Sie wächst auf jedem Kontinent außer der Antarktis.

Ein Kilo Zitronen enthält mehr Zucker als ein Kilo Erdbeeren.

Erdnüsse sind eine Zutat für Dynamit.

Wir hören schlechter, wenn wir zu viel gegessen haben.

Gegen Kuhmilch sind mehr Menschen allergisch als gegen jedes andere Lebensmittel.

Halbiere eine Zwiebel, reibe deine Fußsohle damit ein, und eine Stunde später wirst du den Zwiebelgeschmack im Mund haben.

Im Durchschnitt verbringt ein erwachsener Mensch täglich 77 Minuten mit Essen.

Äpfel machen am Morgen eher wach als Koffein.

Früher galt Kürbis als gutes Mittel gegen Sommersprossen.

Wir können viermal so lang ohne Nahrung überleben wie ohne Wasser.

53

Wer hätte das gedacht!?

Die Cashewnuss gehört zur selben
Pflanzenfamilie wie der Giftefeu.

Wassermelonen sind Gemüse.

Zwiebeln, Knoblauch und Spargel
zählen zu den Liliengewächsen.

Mandeln gehören zur selben
Pflanzenfamilie wie Pfirsiche.

Erdbeeren gehören zur
Familie der Rosen.

Gurken, Kürbisse und Tomaten
sind eigentlich Obst.

Oologie

Die Endung „-ologie" bedeutet „die Wissenschaft von". Die kürzeste „-ologie" ist die Oologie – die Wissenschaft von den Eiern.

Eiweiß besteht zu 90 Prozent aus Wasser.

Man kann feststellen, ob ein Ei noch gut ist, wenn man es in einen Topf mit Wasser legt: Sinkt das Ei, kann man es essen. Alte Eier hingegen schwimmen an der Oberfläche, weil Eier Luft aufnehmen, wenn sie älter werden.

Eidotter enthält viele Vitamine, nämlich A, D und E. Es gehört zu den wenigen Lebensmitteln, die natürliches Vitamin D enthalten.

MUTIGE ENTDECKER

Die Norweger erreichten als Erste den Südpol.

Kapitän Cook war der erste Mensch, der alle Kontinente betrat (außer der Antarktis).

Die größte Höhle der Welt ist die Sarawak-Kammer auf der Insel Borneo. Sie wurde 1981 von drei britischen Höhlenforschern entdeckt.

Der erste Mensch, der über den Nordpol flog – und dann auch noch über den Südpol –, hieß Dickie Byrd.

Tierforscher locken Alligatoren mit Marshmallows an.

Die Niederländer erreichten als erste Europäer Australien und Neuseeland.

Wenn es um große Entdecker geht, muss auch Moritz August Benjowski vorgestellt werden, ein ungarischer Graf, der im 18. Jahrhundert lebte und nur 40 Jahre alt wurde.

Aber was er in diesem kurzen Leben alles unternommen hat! Er war Entdecker, Schriftsteller und Schachspieler. Er sprach fünf Sprachen fließend. Er war französischer Oberst, polnischer Befehlshaber und österreichischer Soldat. Und dann wurde er noch König von Madagaskar.

Im 15. Jahrhundert
gründete Heinrich der
Seefahrer in der portugiesischen
Stadt Sagres eine Schule, an die
er die besten Kartenzeichner,
Astronomen und Navigatoren
seiner Zeit holte. Dort studierten
unter anderem die großen
Entdecker Ferdinand Magellan und
Vasco da Gama. Ihr Einfluss macht
sich auch heute noch bemerkbar:
In neun Ländern der Welt ist
Portugiesisch die offizielle
Landessprache.

Zum ersten Mal auf dem Mount Everest

Erstbesteigung:
29. Mai 1953
durch Edmund Hillary
und Tenzing Norgay

👁 👁 👁

Erste urkundlich erwähnten
Todesfälle:
sieben Tote bei einer Lawine 1922

👁 👁 👁

Erste Frau auf dem Gipfel:
Junko Tabei am 16. Mai 1975

👁 👁 👁

Erstbesteigung ohne Sauerstoffgerät:
Peter Habeler und Reinhold Messner am 8. Mai 1978

👁 👁 👁

Erstbesteigung im Winter:
Krysztof Wielicki am 17. Februar 1980

👁 👁 👁

Erster Blinde auf dem Gipfel:
Erik Weihenmayer am 25. Mai 2001

DURCH RAUM UND ZEIT

Als erste Mahlzeit auf dem Mond aßen Neil Armstrong und Buzz Aldrin Putenschnitzel.

Olympus Mons auf dem Mars ist der größte Vulkan des Sonnensystems.

Wer ungeschützt ins Weltall gelangt, explodiert, bevor er ersticken kann.

Die Anzahl der UFO-Sichtungen nimmt zu, wenn der Mars der Erde besonders nah ist.

Auf dem Saturn wehen Winde mit einer Geschwindigkeit von 1900 Kilometer pro Stunde – zehnmal so schnell wie ein starker Hurrikan auf der Erde.

Alle elf Jahre erreicht die Sonnenaktivität einen Höhepunkt: Das Magnetfeld verschiebt sich, Sonneneruptionen und Sonnenflecken kommen verstärkt vor.

Astronauten können im Weltall nicht rülpsen. Denn es fehlt die Schwerkraft, um in ihrem Magen Gas von Flüssigkeit zu trennen.

Vermutlich weißt du, dass die Russen im Jahr 1961 den ersten Menschen ins All beförderten (Juri Gagarin), aber sie schickten auch den ersten Hund ins All. Schon 1957 startete die herrenlose Hündin Laika mit der Kapsel Sputnik 2. Leider starb sie wenige Stunden nach dem Start durch Überhitzung, wahrscheinlich wegen einer Fehlfunktion der Temperaturkontrolle. Das Experiment zeigte allerdings, dass ein Lebewesen den Flug in die Umlaufbahn und die Schwerelosigkeit aushalten könnte.

Es gibt im Universum mehr Sterne als Sandkörner an allen Stränden der Erde.

Wenn Astronauten im All weinen, rollen ihnen die Tränen aufgrund der fehlenden Schwerkraft nicht übers Gesicht. Die Tränen sammeln sich stattdessen rund um die Augen.

Zum Betrieb eines Forschungssatelliten werden nur 250 Watt benötigt.

In Südafrika liegt der älteste Meteoritenkrater der Welt. Er ist etwa zwei Milliarden Jahre alt.

Als die Wissenschaftler im australischen Parkes-Observatorium eines Tages Radiowellen empfingen, dachten sie, sie hätten einen Beweis für außerirdisches Leben gefunden. Dann stellte sich aber heraus, dass die Strahlen von einer Mikrowelle im Gebäude ausgingen.

Der Februar 1865 ist der einzige Monat seit Beginn der Aufzeichnungen, in dem kein Vollmond am Himmel stand.

Die Apollo 11, die 1969 auf dem Mond landete, hatte bei ihrer Rückkehr noch Treibstoff für 36 Sekunden Flug.

Die Venus dreht sich als einziger Planet im Uhrzeigersinn.

Bisher waren mehr Menschen auf dem Mond als in zwei Kilometer Tiefe im Meer.

Wenn man alle Planeten in ein riesiges Wasserbecken legen würde, wäre der Saturn der einzige, der nicht unterginge. Denn er besteht größtenteils aus Gas, das weniger dicht ist als Wasser.

Die Erde ist der einzige Planet unseres Sonnensystems, der nicht nach einer Gottheit benannt ist.

Pekannüsse sind das einzige Lebensmittel, das die Astronauten unbehandelt mit ins All nehmen können.

Das Sonnenlicht braucht acht Minuten und zwölf Sekunden bis zur Erde.

64 Wenn wir annehmen, die Milchstraße wäre so groß wie Asien, dann hätte unser Sonnensystem die Größe einer Centmünze.

*Die Sonne ist etwa 150 Millionen Kilometer
von der Erde entfernt.
Der nächste Stern ist noch 270-mal weiter weg.*

Die Fußabdrücke der Astronauten auf dem Mond
werden auch in zehn Millionen Jahren noch zu
sehen sein. Denn auf dem Mond ist es zwar ziemlich staubig, es gibt aber keinen Wind, der die
Spuren verwischen könnte.

Die Erde legt am Tag
18 Millionen Kilometer zurück.

**Ein Blitz ist fünfmal so heiß wie die
Oberfläche der Sonne.**

Mehr als tausend Planeten von der Größe der Erde hätten in der Sonne Platz.

Wenn du auf dem Merkur stehst, sieht die Sonne zweieinhalbmal so groß aus wie von der Erde.

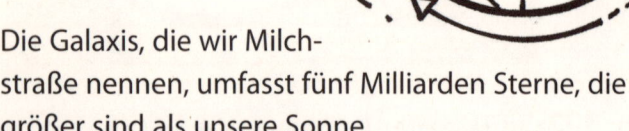

Die Galaxis, die wir Milchstraße nennen, umfasst fünf Milliarden Sterne, die größer sind als unsere Sonne.

Die Amerikaner gaben eine Million Dollar für die Entwicklung eines Kugelschreibers für Astronauten aus, der in der Schwerelosigkeit von unten nach oben schrieb. Die Russen nahmen einen Bleistift mit.

Ein moderner PC hat mehr Rechenleistung als alle Computer der NASA zur Zeit der Apollo-Mondlandungen zusammen.

Ein Tag auf dem Jupiter ist etwa 9 Stunden, 50 Minuten und 30 Sekunden lang.

Der Mond wiegt ungefähr 81000 Trillionen Tonnen.

Das Volumen des Mondes entspricht ungefähr dem des Pazifischen Ozeans.

Sechs Planeten sind mit dem bloßen Auge sichtbar: Jupiter, Mars, Merkur, Saturn, Venus und Uranus.

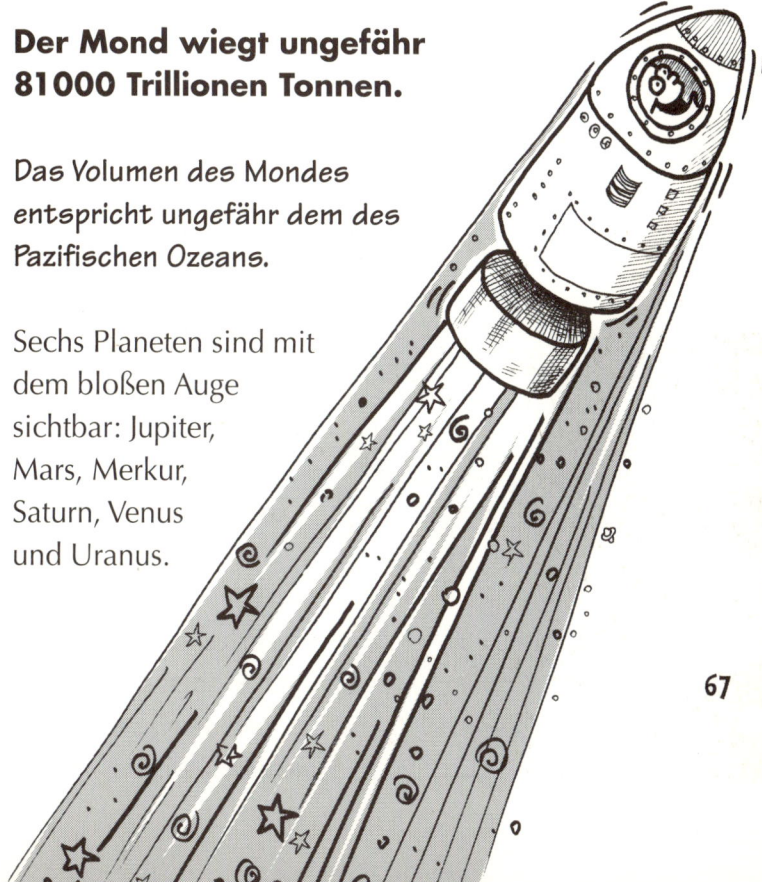

Die durchschnittliche Windgeschwindigkeit auf dem Jupiter beträgt etwa 360 Kilometer pro Stunde.

Galileo erblindete mit siebzig Jahren – wahrscheinlich, weil er ständig durch sein Fernrohr die Sonne beobachtet hatte.

Im 17. Jahrhundert wollte der französische Astronom Adrien Azout ein 300 Meter langes Teleskop bauen. Er glaubte, dass er mit dieser starken Vergrößerung die Tiere auf dem Mond sehen könnte.

Der Halleysche Komet war zuletzt 1986 zu sehen und wird sich erst wieder 2061 zeigen.

Das Wellenmeer, das Wolkenmeer, das Inselmeer und das Meer der Begabung liegen alle auf dem Mond.

Buzz Aldrin war der zweite Mensch, der auf dem Mond spazieren ging. Der Geburtsname seiner Mutter war Moon (auf Deutsch: Mond).

Wenn es möglich wäre, mit einem Auto mit einer Geschwindigkeit von 120 Kilometer pro Stunde durch das All zu fahren, könnte man die Sonne in etwas über 142 Jahren erreichen. Mit demselben Tempo würde es mehr als 38 Millionen Jahre dauern, den nächsten Stern zu erreichen.

Im 20. Jahrhundert sind zwei Meteoriten mit so viel Kraft auf der Erde eingeschlagen, dass sie eine Stadt hätten zerstören können. Zum Glück sind beide, der erste 1908 und der zweite 1947, in Sibirien gelandet, sodass keine Menschen zu Schaden kamen.

Der Geschwindigkeitsrekord auf der Mondober-
fläche liegt bei knapp 17 Kilometer pro Stunde.
Er wurde von einem Mondrover aufgestellt.

Das erste Lied, das im All
gesungen wurde,
war „Happy Birthday" von den
Astronauten der Apollo IX am
8. März 1969.

Für jedes zusätzliche Kilogramm, das bei einem Weltraumflug an Bord ist, werden beim Start 530 Kilogramm Treibstoff zusätzlich gebraucht.

Der Sommer auf dem Planeten Uranus dauert 21 Jahre – der Winter auch.

Alle Planeten in unserem Sonnensystem hätten im Planeten Jupiter Platz.

1989 nahm die Raumfähre Discovery 32 befruchtete Hühnereier mit ins All.

Der Schweif des Großen Kometen von 1843 war 330 Millionen Kilometer lang. Im Jahr 2356 wird er wieder zu sehen sein.

Zu Fuß zur Sonne zu gehen, würde 2000 Jahre dauern.

Neutronensterne sind so dicht, dass ein Bruchstück von der Größe eines Zuckerwürfels so viel wiegt wie alle Menschen auf der Erde zusammen.

Was würde ein 64 Kilogramm schwerer Mensch anderswo im Sonnensystem wiegen?

Auf dem Mond: 10,91 Kilogramm

Auf dem Pluto: 3,18 Kilogramm

Auf dem Uranus: 57,73 Kilogramm

Auf der Venus: 62,27 Kilogramm

Auf dem Saturn: 68,64 Kilogramm

Auf dem Neptun: 75,45 Kilogramm

Auf dem Jupiter: 161,36 Kilogramm

Auf Merkur und Mars: 24,09 Kilogramm

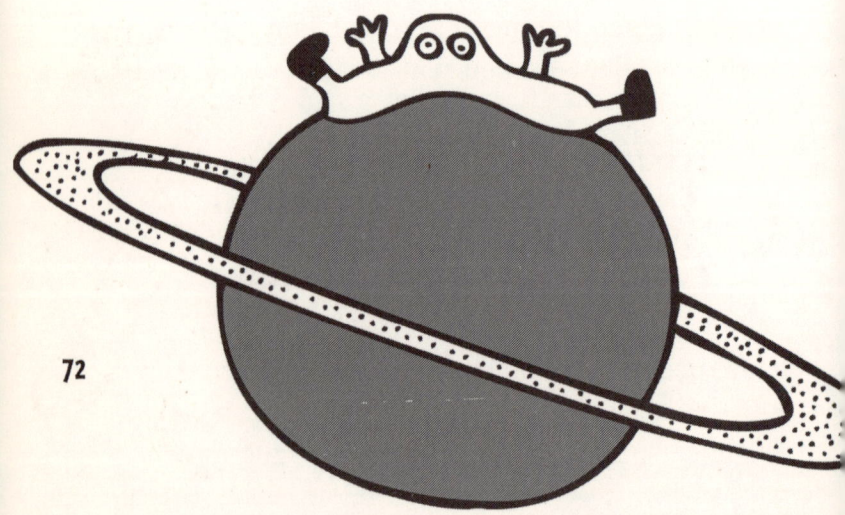

Die ersten zehn Menschen im All

Juri Gagarin *(UdSSR)*

Alan B. Shepard *(USA)*

Virgil (‚Gus‘) Grissom *(USA)*

German Titow *(UdSSR)*

John Glenn *(USA)*

Malcolm Scott Carpenter *(USA)*

Andrijan Nikolajew *(UdSSR)*

Pawel Popowitsch *(UdSSR)*

Walter Schirra *(USA)*

Leroy Gordon Cooper *(USA)*

Die Sonne

Der flüssige Kern der Erde ist genauso heiß wie die Oberfläche der Sonne.

Jedes Jahr wird die Sonne 360 Millionen Tonnen leichter.

Die Sonne ist
300 000-mal
so groß wie die Erde.

**Der Schweif eines Kometen zeigt
immer von der Sonne weg.**

Die Sonne ist nur einer von 120 Millionen
Sternen in unserer Galaxis.

12.345.678.987.654.321

Der Meter wurde ursprünglich definiert als ein Zehnmillionstel des Abstandes vom Äquator zu einem Pol.

- - - - - - - - - - - -

Bis 1687 hatten Uhren nur einen Stundenzeiger.

- - - - - - - - - - - -

Wenn man eine Zahl pro Sekunde zählt, muss man mehr als elfeinhalb Tage und Nächte ununterbrochen zählen, um eine Million zu erreichen.

Ein Jahr dauert 31 557 600 Sekunden.

Ein DIN-A4-Blatt lässt sich von Hand höchstens siebenmal in der Mitte falten.

$$111.111.111 \times 111.111.111 = 12.345.678.987.654.321$$

Der 19.11.1999 war der letzte Tag, dessen Datum nur aus ungeraden Ziffern bestand. Das geschieht zum nächsten Mal am 1.1.3111.

1961 war die letzte Jahreszahl, die auf dem Kopf stehend ebenso aussah wie richtig herum. Das nächste Mal wird das im Jahr 6009 der Fall sein.

Um 2 Minuten nach 8 Uhr am Abend des 20. Februar 2002 war die Zeitangabe für genau 60 Sekunden perfekt symmetrisch: 2002, 2002, 2002. Oder etwas genauer: 20:02, 20.02.2002. Das kommt zum nächsten Mal um 12 Minuten nach 9 Uhr am Abend des 21. Dezember 2112 vor: 2112, 2112, 2112 oder: 21:12, 21.12.2112. (Aber so lange werden wir wohl nicht mehr leben.)

Wenn man mit
einem Cent
anfängt
und das Geld
jeden Tag
verdoppelt,
hat man in
nur 30 Tagen
fünf Millionen
Euro.

Damit ein Kartenspiel optimal gemischt ist, sollte man es siebenmal mischen.

Wenn man 21 978 mit 4 multipliziert, ergibt sich 87 912 – also 21 978 rückwärts gelesen.

Der Quarzkristall in einer Armbanduhr vibriert 32 768-mal pro Sekunde.

In römischen Zahlen sieht das Jahr 1666 aus wie MDCLXVI (1000 + 500 + 100 + 50 + 10 + 5 + 1). Es ist das einzige Jahr, in dem alle römischen Zahlzeichen vorkommen.

Es gibt 318 979 564 000 mögliche Kombinationen für die ersten vier Züge in einem Schachspiel.

Wenn man die Zahlen von 1 bis 100 nacheinander addiert (1 + 2 + 3 + 4 + 5 usw.), erhält man 5050.

37 x 3 = 111
37 x 6 = 222
37 x 9 = 333
37 x 12 = 444
37 x 15 = 555
37 x 18 = 666
37 x 21 = 777

142.857

Wenn man 142.857 mit einer Zahl zwischen eins und sechs multipliziert, enthält das Ergebnis dieselben Ziffern in derselben Reihenfolge, aber an einer anderen Stelle beginnend:

1 x 142.857 = 142.857
2 x 142.857 = 285.714
3 x 142.857 = 428.571
4 x 142.857 = 571.428
5 x 142.857 = 714.285
6 x 142.857 = 857.142

Und was passiert, wenn man 142.857 × 7 nimmt?
Das ergibt 999.999.

> Und wenn man 1 durch 7 teilt?
> Dann erhält man
> **0,142857142857142857.**

Wie (un)wahrscheinlich ist es, ...

… an einem Bienenstich zu sterben?

Eins zu 6 Millionen

… dass jedes Spiel einer
Bundesligasaison unentschieden
null zu null endet?

Eins zu 60 Millionen

… in einer Runde Golf zwei Löcher mit jeweils
einem Schlag zu erreichen?

Eins zu 8 Millionen

… zweimal in einem Jahr in einem Flugzeug zu sitzen, das von Terroristen entführt wird?

Eins zu 150 Millionen

●

… vom Blitz getroffen zu werden?

Eins zu 10 Millionen

●

… von einem Meteoriten getroffen zu werden?

Eins zu 200 Millionen

●

… dass ein Mädchen farbenblind ist?

Eins zu 1000

●

… dass ein Junge farbenblind ist?

Eins zu 100

●

… den Lotto-Jackpot zu knacken?

Eins zu 140 Millionen

IM KLOBRILLENMUSEUM

Diese Museen gibt es wirklich!

- ➡ *Museum für Klobrillen-Kunst*
  (San Antonio, Texas)

- ➡ *Salz-Museum*
  (Northwich, England)

- ➡ *Erdbeer-Museum*
  (Wepion, Belgien)

- ➡ *Norwegisches Konserven-Museum*
  (Stavanger, Norwegen)

- ➡ *Sardinen-Museum*
  (Sète, Frankreich)

- ➡ *Senf-Museum*
  (Mount Horeb, Wisconsin)

- ➡ *Britisches Rasenmäher-Museum*
  (Southport, England)

➡️ ***Streichholzschachtel-Museum***
(Tomar, Portugal)

➡️ ***Essig-Museum***
(Roslyn, South Dakota)

➡️ ***Schinken-Museum***
(bei Neufchâteau, Frankreich)

➡️ ***Zentrum für außergewöhnliche Museen***
(München)

➡️ ***Bleistift-Museum Cumberland***
(Keswick, England)

➡️ ***Bananen-Museum***
(Martinique)

LACHEN IST GESUND

Lachen reduziert Stress
und stärkt das Immun-
system.

**Lächeln ist leichter als
Stirnrunzeln. Zum
Stirnrunzeln brauchen
wir 43 Muskeln, zum
Lächeln nur 17.**

Beim Lachen verbrennst
du mindestens dreieinhalb
Kalorien.

Die DNA eines Menschen würde aus-
einandergezogen mehrere Tausend Mal
zum Mond und wieder zurück reichen.

Kinder lachen etwa 300-mal am Tag.

Erwachsene lachen nur etwa 15-mal.

An einem Tag machst du etwa 18 000 Schritte.

Die Strecke, die du bei durchschnittlicher Lebensdauer insgesamt zurücklegst, entspricht drei Wanderungen um den Globus.

Ein durchschnittliches Husten verlässt
den Mund mit 90 Kilometer pro Stunde.

Nur 30 Prozent der Menschen können
ihre Nasenflügel aufblähen.

Ein Quadratzentimeter Menschenhaut enthält
etwa 250 Schweißdrüsen.

Unsere Haut ist ungefähr so dick, wie die Spitze
eines Kugelschreibers lang ist.

Es gibt viel mehr Menschen, die ihre Zunge einrollen können, als solche, die es nicht können (nämlich 85 Prozent).

Wenn deine Milchzähne ausfallen und durch bleibende Zähne ersetzt werden, nennt man das permanente Dentition.

Unsere Kiefermuskeln sind extrem stark: Beim Kauen wird ein Druck von etwa 90 Kilogramm auf die Backenzähne ausgeübt.

Rechtshänder neigen dazu, mit der rechten Mundhälfte zu kauen, Linkshänder dagegen mit der linken.

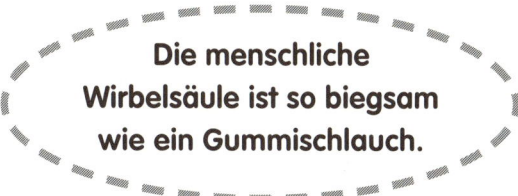

Die menschliche Wirbelsäule ist so biegsam wie ein Gummischlauch.

Der menschliche Körper enthält genug Kalium, um eine Spielzeugkanone abzufeuern.

Bei jedem Schritt bewegen wir 54 Muskeln.

In deinem Mund leben mehr Bakterien als Menschen auf der Welt.

**Die häufigste Blutgruppe auf der Welt ist 0.
Die seltenste ist A-Rhesus-negativ, sie kommt
nur bei einem Prozent der Weltbevölkerung vor.**

Bei der Geburt macht der Kopf ein Viertel der
gesamten Körperlänge des Babys aus; bei einem
Erwachsenen ist es nur noch ein Achtel.

Menschen können
Wasser nicht schmecken,
einige Tiere schon.
Wir schmecken nur
die Chemikalien und
Unreinheiten im Wasser,
aber nicht das Wasser
selbst.

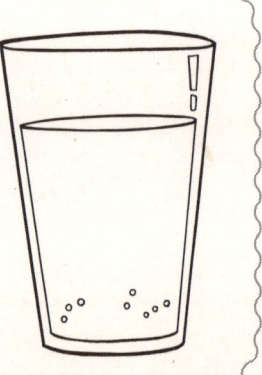

**Die empfindlichsten Nerven im Körper befinden
sich am unteren Ende der Wirbelsäule.**

90   *In der Handschriftenanalyse heißt es, dass
Menschen, die mit großen Buchstaben schreiben,
sehr ehrgeizig sind.*

☞ Der Daumennagel wächst am langsamsten, der Nagel des Mittelfingers am schnellsten.

☞ Fingernägel wachsen viermal so schnell wie Zehennägel.

Freudige Ereignisse wie Familienfeiern oder ein Abend mit Freunden stärken das Immunsystem für mindestens zwei Tage.

Menschen mit sehr gutem Geschmackssinn können Süße noch bei einer Lösung von einem Teil Zucker in 200 Teilen Wasser wahrnehmen.

Manche Schmetterlinge bemerken Süße sogar, wenn das Verhältnis eins zu 300 000 ist.

Fingerspitzen und Fußsohlen sind mit einer festen Hautschicht überzogen, dem sogenannten Stratum corneum.

Der menschliche Körper enthält 96 540 Kilometer Blutadern. Wenn man sie aneinanderlegte, würden sie zweieinhalbmal um die Erde reichen.

Die Nieren verbrauchen mehr Energie als das Herz: Die Nieren verbrauchen zwölf Prozent des verfügbaren Sauerstoffs, das Herz nur sieben Prozent.

Im Verhältnis zum Körpergewicht sind Menschen stärker als Pferde.

Flüstern strengt die Stimme mehr an als normales Sprechen.

92 Wenn ein Raucher, der 20 Zigaretten am Tag raucht, die Nikotindosis für eine Woche auf einmal einatmen würde, würde er sofort sterben.

Das größte Organ des Menschen ist die Haut mit einer Oberfläche von etwa 2,32 Quadratmetern.

Bei – 70°C gefriert dein Atem in der Luft und fällt auf den Boden.

Ein durchschnittliches Paar Füße sondert im Lauf des Tages einen halben Liter Schweiß ab.

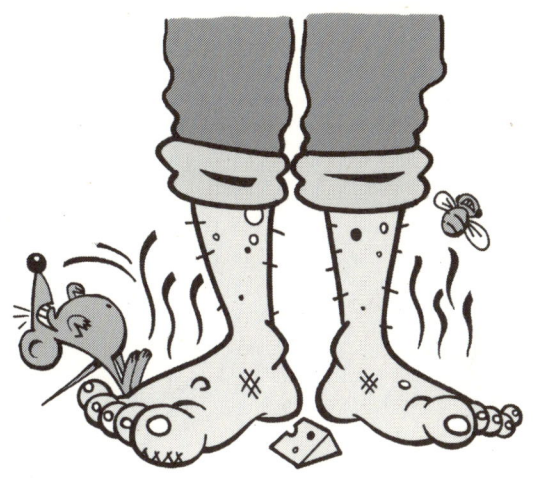

Laut einer Studie kaufen Frauen mehr ein, wenn sie Absätze auf dem Boden klappern hören.

Vegetarierinnen bringen eher Mädchen zur Welt als Jungen.

Die Magensäure eines Menschen kann Eisennägel auflösen.

Grübchen entstehen, weil die Haut an den Lachmuskeln festgewachsen ist.

Unser Verdauungstrakt ist über neun Meter lang.

Menschliche Knochen sind nicht weiß, sondern beige bis hellbraun. Wenn du im Museum weiße Knochen siehst, liegt das daran, dass sie gekocht und gereinigt wurden.

Wenn die Wassermenge in deinem Körper um nur ein Prozent sinkt, bekommst du Durst.

Alle Menschen haben Muskeln, um ihre Ohren zu bewegen, aber die meisten können sie nicht mehr einsetzen.

Nur ein Drittel der Menschen, die mit den Ohren wackeln können, können mit jedem Ohr einzeln wackeln.

Wenn der Körper mehr als 15 Prozent seines Wassers verliert, kann das tödlich sein.

Ein durchschnittlicher Schluckauf dauert fünf Minuten.

Eine Augenwimper hält etwa fünf Monate.

Die Oberschenkelknochen des Menschen sind so fest wie Beton.

Die Chemikalien im menschlichen Körper sind insgesamt etwa 6,25 Euro wert.

Der Mensch ist das einzige Tier, das weint.

Jedes Jahr werden etwa 98 Prozent der Atome in unserem Körper ausgetauscht.

Zum Schlucken brauchen wir 25 Muskeln.

Die Mundschleimhaut sondert am Tag einen Liter Speichel ab.

Der härteste Stoff in deinem Körper ist der Zahnschmelz.

Der Mensch kann winzige Mengen Salz schmecken – sogar in einer Lösung von einem Gramm Salz in 500 Litern Wasser.

Der erste Sinn, der mit dem Alter nachlässt, ist der Geruchssinn.

Blut braucht nur eine Minute, um durch den ganzen Körper zu reisen.

Oft haben Rechtshänder an der rechten Hand einen größeren, eher quadratischen Daumennagel, Linkshänder an der linken Hand.

Der Sterblichkeitsrate zufolge ist das sicherste Alter zehn Jahre.

22 Prozent aller Zwillinge sind Linkshänder. Bei den Nicht-Zwillingen liegt der Anteil knapp unter zehn Prozent.

*Angeblich
ist nichts so
entspannend
wie der
Anblick
schräg
fallenden
Regens.*

**Die Farbe Grün
soll gut gegen Heimweh sein.**

**Die Farbe Blau
kann beruhigend wirken.**

Wenn du nach dem Essen ein Glas Wasser
trinkst, reduziert das die Säure in deinem Mund
um über 60 Prozent.

*Wenn wir ruhen, bewegt sich die Luft, die wir
atmen, mit einer Geschwindigkeit von sechs Kilometer pro Stunde durch die Nase.*

Der menschliche Körper enthält genug ...

... Kohlenstoff für 900 Bleistifte.

... Phosphor für 2200 Streichholzköpfe.

... Eisen für einen acht Zentimeter
langen Nagel.

Das größte innere Organ eines Menschen ist der Dünn-
darm mit einer Länge von durchschnittlich sechs
Metern. Er ist sechsmal so lang wie der Dickdarm.

Dein Fuß ist genauso lang wie der Abstand zwischen deinem Handgelenk und deinem Ellenbogen.

Bei den meisten Menschen sind die Beine unterschiedlich lang.

Ein Niesen legt etwa 900 Kilometer pro Stunde zurück.

Rechtshänder leben im Durchschnitt neun Jahre länger als Linkshänder.

Menschen haben als einzige Primaten keinen Hautfarbstoff in den Handflächen.

Die Langerhans-Inseln sind eine Zellgruppe in der Bauchspeicheldrüse.

Der längste
in einem
Menschen
gefundene
Bandwurm
war 33 Meter
lang.

Menschenknochen kann man doppelt so fest zusammenpressen wie Granit, ohne dass sie brechen. Menschenknochen können außerdem viermal so stark gedehnt werden wie Beton.

In der Haut eines Menschen liegen etwa 72 Kilometer Nerven.

Der Fuß ist der Körperteil, der am häufigsten von Insekten gebissen wird.

Der stärkste Muskel des Körpers ist die Zunge.

Menschen können zwischen 3000 und 10000 verschiedene Gerüche unterscheiden.

Einer von zwei Milliarden Menschen wird 116 Jahre alt oder älter.

**Pro Stunde
atmen wir mehr als
1500 Liter Luft ein
und aus.**

In 24 Stunden atmest du etwa 23 040-mal.

Die Füße sind nachmittags größer als zu jeder anderen Tageszeit.

◇◇◇◇◇◇◇◇◇◇◇◇◇◇◇◇◇◇◇◇◇◇◇◇◇◇◇◇◇◇◇◇◇◇◇◇◇◇

Jedes Jahr ersticken 100 Menschen an Kugelschreibern.

◇◇◇◇◇◇◇◇◇◇◇◇◇◇◇◇◇◇◇◇◇◇◇◇◇◇◇◇◇◇◇◇◇◇◇◇◇◇

Die Zunge ist der Körperteil, der am schnellsten heilt.

Ein Menschenhaar kann drei Kilo Gewicht tragen.

Ein Nagel braucht durchschnittlich sechs Monate, um von der Nagelwurzel bis zur Fingerspitze zu wachsen.

103

Alle Menschen verspritzen beim Sprechen mikroskopisch kleine Speicheltröpfchen, etwa zwei bis drei Tröpfchen pro Wort.

Der empfindlichste Finger ist der Zeigefinger.

Die Oberfläche der Lunge ist so groß wie ein Tennisplatz.

Haare bestehen aus dem gleichen Stoff wie Fingernägel.

Wenn die natürliche Abwehr des Körpers versagt, können dich deine Darmbakterien innerhalb von 48 Stunden von innen heraus auffressen.

Raucher haben zehnmal so viele Falten wie Nichtraucher.

Wenn jemand wenig isst, sagt man, er isst wie ein Spatz – dabei fressen Vögel pro Tag das Doppelte ihres Körpergewichts.

Nicht alle unsere Geschmacksknospen liegen auf der Zunge; etwa zehn Prozent liegen am Gaumen und in den Backen.

Innerhalb von zwölf Tagen tauscht unser Körper alle Geschmacksknospen einmal aus.

Die meisten Menschen haben 50 Prozent ihrer Geschmacksknospen verloren, wenn sie 60 Jahre alt werden.

Vegetarier leben länger und sind ausdauernder als Fleischesser, leiden aber häufiger an Blutkrankheiten.

Pro Sekunde werden im menschlichen Körper 15 Millionen Blutzellen produziert und wieder vernichtet.

Im Durchschnitt kann man etwa eine Minute lang die Luft anhalten. Der Weltrekord liegt bei siebeneinhalb Minuten.

Man kann sich nicht umbringen, indem man die Luft anhält.

Menschen haben 46 Chromosomen, Erbsen 14 und Flusskrebse 200.

In den letzten 150 Jahren sind die Menschen in den reichen Ländern der Welt durchschnittlich zehn Zentimeter größer geworden.

Mit dem Kopf gegen die Wand zu rennen, verbraucht 150 Kalorien pro Stunde.

Durchschnittlich hat ein Mensch 100 000 Haare auf dem Kopf – Rothaarige haben weniger, Blonde mehr.

Wenn du sechs Jahre und neun Monate ununterbrochen furzt, produzierst du so viel Wind, dass es der Energie einer Atombombe entspricht.

Ein durchschnittlicher Furz besteht aus 100 Milliliter Gas. Davon sind weniger als ein Prozent stinkende Gase, aber das reicht, um ihn unangenehm zu machen.

**Es gibt vier grundlegende Geschmacks-
richtungen: süß, salzig, sauer und bitter.**

Geschmack besteht zu 75 Prozent aus Geruch.

Wo wir heute Gänsehaut bekommen, hatten unsere Vorfahren Haare.

Ein winziger Tropfen Blut enthält rund fünf Millionen rote Blutkörperchen.

Haare lassen sich leichter schneiden, wenn sie in warmem Wasser eingeweicht wurden.

Zu viel Vitamin A kann einen Menschen töten.

Geruchsrezeptoren helfen uns, Gerüche wahr-
zunehmen. Der durchschnittliche Mensch hat
40 Millionen dieser
Zellen. Kaninchen
haben im Durch-
schnitt 100 Millionen,
Hunde eine Milliarde.

Rote Blutkörperchen, die im Knochenmark entstehen, reisen 250 000-mal durch den Körper, bevor sie ins Knochenmark zurück-kehren und zerstört werden.

Es dauert nur etwa 20 Sekunden, bis ein Blutkörperchen durch den ganzen Körper gereist ist.

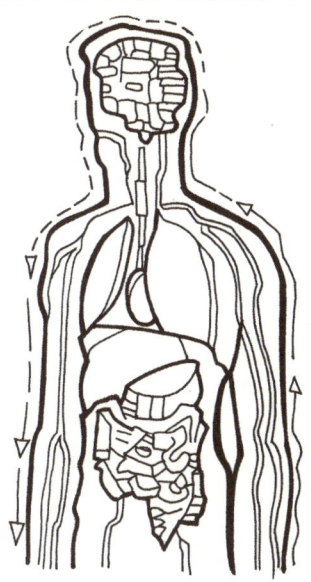

In der Zeit zwischen 16 und 18 Uhr nachmittags sind Menschen besonders reizbar.

Das Haar intelligenter Menschen enthält mehr Zink und Kupfer.

Damit eine dauerhafte Falte entsteht, muss man etwa 200 000-mal die Stirn runzeln.

Wenn ein Junge wissen will, ob er später einmal eine Glatze bekommt, sollte er sich den Vater seiner Mutter anschauen.

Ein ordentlich rasierter Mann verbringt im Durchschnitt fünf Monate seines Lebens mit Rasieren und entfernt dabei 8,5 Meter Haare.

Phosphene nennt man die Sterne und Farben, die du siehst, wenn du dir die Augen reibst.

Der Knorpel in der Nase hörte nie auf zu wachsen. Deshalb sieht man oft alte Menschen mit großer Nase.

Ein Erwachsener hat einen durchschnittlichen Wortschatz von 5000 bis 6000 Wörtern.

Das Gehirn

Das Gehirn wiegt nur 1,5 Kilo, verbraucht aber 20 Prozent des Blutes und des Sauerstoffs im Körper.

Das Gehirn eines Menschen hat ungefähr 100 Milliarden Nervenzellen. Nervenreize reisen mit etwa 270 Kilometer pro Stunde durch das Gehirn.

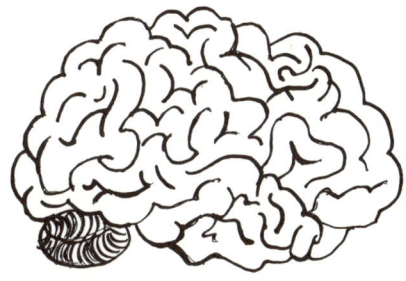

Alkohol tötet Gehirnzellen nicht ab, sondern trennt sie von den anderen. Um sie wieder zu verbinden, müsste neues Nervengewebe entstehen, was nur bis zum Alter von fünf Jahren möglich ist.

Wenn du dein Gehirn herausnehmen und ausbreiten könntest, würde es ein Bügelbrett bedecken.

Wenn du dir den großen Zeh anstößt, bemerkt dein Gehirn den Schmerz innerhalb einer Fünfzigstelsekunde.

Das Gehirn verbraucht weniger Energie als eine 100-Watt-Glühbirne.

Noch 37 Stunden nach dem Tod sendet das Gehirn elektrische Impulse aus.

Dein Gehirn wächst etwa, bis du 18 Jahre alt bist.

Deine Haut wiegt doppelt so viel wie dein Gehirn.

Je mehr Falten dein Gehirn hat, desto intelligenter bist du.

Das Gehirn ist schmerzunempfindlich. Kopfschmerzen gehen von den Nerven, Muskeln und dem Gewebe rund um den Schädel aus, nicht vom Gehirn. Wenn man in das Gehirn schneidet, spürt der Mensch keinen Schmerz.

Das Gehirn eines Neandertalers war größer als deins.

Das Gehirn eines Menschen besteht zu 85 Prozent aus Wasser.

Die Gehirnstromaktivität verändert sich, wenn wir einen Witz kapieren.

Die Augen

Die Hornhaut eines Auges enthält mehr als 100 Millionen lichtempfindliche Zellen.

Das Sehen erfordert mehr Gehirnkapazität als die anderen vier Sinne (Hören, Schmecken, Riechen und Tasten).

Das durchschnittliche Gesichtsfeld eines Menschen beträgt 200 Grad.

Im Lauf deines Lebens verlierst du so viele Wimpern, dass sie aneinandergelegt 30 Meter lang wären.

Der Muskel, der sich in deinem Körper am schnellsten bewegen kann, öffnet und schließt das Augenlid.

Das Auge ist ein selbstreinigendes Organ.

Die Farbe Rot kann Hunger verstärken. Deshalb verwenden viele Fast-Food-Ketten sie in ihrem Logo und der Einrichtung.

Durch das Blinzeln sind deine Augen etwa 30 Minuten am Tag geschlossen.

Bei extremer Kälte frieren Augen nicht zu, weil die Tränenflüssigkeit Salz enthält.

Wenn wir eine Seite in einem Buch lesen, bewegen sich unsere Augen nicht gleichmäßig von Zeile zu Zeile. Stattdessen springen sie von einer Wortgruppe zur nächsten.

Bei Menschen macht das Sehen 90 bis 95 Prozent aller Sinneswahrnehmungen aus.

Menschen haben drei Farbrezeptoren in den Augen, Goldfische vier und Fangschreckenkrebse zehn.

Das menschliche Auge kann im Durchschnitt etwa 500 Grautöne unterscheiden.

Das menschliche Auge ist so empfindlich, dass jemand, der in einer klaren, mondlosen Nacht auf einem Berggipfel steht, sehen kann, wenn in 80 Kilometer Entfernung ein Streichholz angezündet wird.

STADT, LAND, FLUSS

**Die Erde wiegt ungefähr
6 588 000 000 000 000 000 Tonnen.**

Das System der Längengrade wurde entwickelt,
als man die Entfernung zwischen Portsmouth in
England und Bridgetown in Barbados mithilfe des
Sonnenstands an beiden Orten messen wollte.

Durch Weltraumstaub wird die Erde jeden Tag 100 Tonnen schwerer.

Ein durchschnittlicher Eisberg wiegt 20 Millionen Tonnen.

Die Erdkruste ist durchschnittlich 24 Kilometer dick.

Die gesamte Landmasse der Erde – und noch einiges mehr – hätte im Pazifischen Ozean Platz.

Der magnetische Nordpol liegt mehr als 1500 Kilometer vom geografischen Nordpol entfernt. Er hat die Koordinaten 73° N, 100° W, während der geografische Nordpol bei 90° N (ohne Längengrad) liegt.

Am Südpol gibt es an 182 Tagen pro Jahr kein Tageslicht.

Alle Kontinente sind im Norden breiter als im Süden.

Auf der Erde gibt es 1200 Millionen Trillionen Liter Wasser.

An einem Baumstumpf kannst du ablesen, wo Süden liegt, wenn du die Jahresringe betrachtest: Sie sind im Süden breiter.

Fidschi liegt genau auf der internationalen Datumsgrenze. Die Grenze wurde an dieser Stelle jedoch etwas verschoben, denn die Fidschianer wollten verständlicherweise im ganzen Land denselben Tag haben. Bei einem Flug von Fidschi nach Los Angeles kann man deshalb zwölf Stunden vor Abflug ankommen – das ist schon ein wenig verwirrend.

Mosi-oa-Tunya

Die Victoriafälle am Sambesi zwischen Sambia und Simbabwe werden von den Einheimischen „Mosi-oa-Tunya" genannt: „donnernder Rauch".

La Paz, die Hauptstadt von Bolivien, hat den Spitznamen „Stadt, die den Himmel berührt".

Montserrat trägt den Spitznamen „Grüne Insel der Karibik", weil es dort so aussieht wie in Irland.

Barbados heißt auch „Klein-England".

Kapitän Cook nannte die Tongainseln „Freundliche Inseln", weil ihn die Bewohner dort herzlich willkommen hießen.

Marokko, Algerien und Tunesien werden im Arabischen auch der „Maghreb" (Sonnenuntergang) genannt, denn sie liegen von den anderen arabischen Staaten aus gesehen sehr weit im Westen.

**Die USA haben den Spitznamen „Uncle Sam".
Das geht auf einen Fleischkonserven-Hersteller aus
New York zurück, der Samuel Wilson hieß.**

Die Stadt Ipoh in Malaysia – 125 Kilometer nördlich
der Hauptstadt Kuala Lumpur – heißt auch „Stadt
der Millionäre".

**Die Stadt Marrakesch in Marokko heißt auch
„Rote Stadt", weil ihre Gebäude aus dem roten
Sandstein dieser Region errichtet wurden.**

Böhmen wird manchmal auch „Dach
Europas" genannt. Interessanterweise
fließen keine Flüsse in diese Region
hinein, aber viele entspringen dort.

Die Bürger von Kuala Lumpur nennt man auch „Kliten".

Ein Siebtel von Schweden liegt nördlich des Polarkreises. Diese Region nennt man „Land der Mitternachtssonne", weil dort die Sonne für einige Wochen im Juni und Juli fast 24 Stunden am Tag scheint. Leider bedeutet das auch, dass sie im Dezember und Januar kaum zu sehen ist.

SCHNULLER-ALARM!

Im Durchschnitt verbraucht ein Baby 5800 Windeln.

Ein Neugeborenes schreit im Durchschnitt 113 Minuten am Tag.

Für ein Baby scheint die Welt auf dem Kopf zu stehen. Sein Gehirn braucht eine Weile, um das Bild richtig herumzudrehen.

Kleinkinder vergiften sich häufiger an Zimmerpflanzen als durch Reinigungsmittel und andere Chemikalien.

✿ ✿ ✿ ✿ ✿ ✿ ✿ ✿ ✿ ✿ ✿

Kinder im Alter von zwei bis sieben Jahren verbringen im Durchschnitt 28 Minuten am Tag damit, Bilder auszumalen.

✿ ✿ ✿ ✿ ✿ ✿ ✿ ✿ ✿ ✿ ✿

Im Alter von drei Monaten entwickelt ein Fötus im Bauch seiner Mutter Fingerabdrücke.

Solange ein Kind erkältet ist, wächst es nicht.

Überall auf der Welt spielen die Kinder Verstecken.

Im 13. Jahrhundert wurden Kinder oft mit Bier getauft.

Bis zum Alter von sechs Monaten können Babys gleichzeitig schlucken und atmen.

Schon eine Stunde nach der Geburt kann ein Neugeborenes seine Mutter am Geruch erkennen.

Ein vierjähriges Kind stellt im Durchschnitt 400 Fragen am Tag.

Babys kennen die Stimme ihrer Mutter und können sie schon im Mutterleib von anderen unterscheiden.

125

Babys weinen ohne Tränen, bis sie drei Monate alt sind.

Babys träumen im Mutterleib.

Etwa eines von 2000 Babys kommt mit einem Zahn zur Welt.

Weltweit wird zwölfmal pro Tag ein Neugeborenes der falschen Mutter übergeben.

Der Kopf eines Neugeborenen macht ein Viertel seines Gewichts aus.

FÜR LANGSCHLÄFER UND SCHLAFMÜTZEN

Viele Menschen sterben im Bett; der Märchen-
dichter Hans Christian Andersen starb, als er aus
dem Bett fiel.

**Fernsehen verbraucht 50 Prozent mehr Kalorien
als Schlafen.**

Im Lauf unseres Lebens schlafen wir etwa
220 000 Stunden oder etwas mehr als
25 Jahre. Wir verbringen also etwa ein
Drittel unseres Lebens im Bett.

Ein Viertel aller Kinder schlafwandelt mindestens einmal vor dem zwölften Lebensjahr. 1987 stieg in Amerika ein Junge im Schlaf in einen Zug und fuhr über 150 Kilometer, bevor man ihn entdeckte.

Mark Twain schrieb große Teile von „Huckleberry Finn" und „Die Abenteuer des Tom Sawyer" im Bett.

Im Schlaf schnarcht einer von acht Männern, und einer von zehn knirscht mit den Zähnen.

König Ludwig XI. von Frankreich führte die Sitte ein, dass französische Könige ihren Hofstaat und die Minister im Bett empfingen.

Man kann im Schlaf nicht niesen.

Mehr als fünf Jahre seines Lebens verbringt ein Mensch mit Träumen.

Menschen sind die einzigen Tiere, die auf dem Rücken schlafen.

Als der amerikanische Sänger John Denver
sich über seine damalige Frau Ernie aufregte,
sägte er das Ehebett entzwei.

Schlaflosigkeit ist die chronische Unfähig-
keit einzuschlafen oder durchzuschlafen
und betrifft fast jeden einmal.

**Je kälter der Raum ist, in dem du schläfst, desto
wahrscheinlicher wirst du schlecht träumen.**

> **Schnarchen kann fast so laut sein
> wie ein Presslufthammer.**

Im Durchschnitt
ist ein Mensch nachts
etwa 7 Millimeter größer
als am Tag.

Im Lauf deines Lebens
isst du durchschnittlich
acht Spinnen im Schlaf.

**Ein Mensch kann schneller an
Schlafmangel sterben als vor Hunger.**

Bis zum Einschlafen dauert es durchschnittlich sieben Minuten.

Der Einzel-Weltrekord im Bettenmachen wurde 1978 von Wendy Wall aus Sidney in Australien aufgestellt; er liegt bei 28,2 Sekunden. Den Doppel-Weltrekord halten die Londoner Krankenschwestern Sharon Stringer und Michelle Benkel mit 14 Sekunden.

- - - - - - - - - - - - - - - -

Die alten Ägypter schliefen auf Kopfkissen aus Stein.

- - - - - - - - - - - - - - - -

Mehr als 600 000 Amerikaner verletzen sich jedes Jahr im Bett oder auf einem Stuhl.

WELWITSCHIE UND HALLIMASCH

Die Welwitschie, eine Wüstenpflanze, gilt als lebendes Fossil und kann bis zu 1000 Jahre alt werden.

Der größte bisher gefundene lebende Organismus ist der fast neun Quadratkilometer große Hallimasch-Pilz in den Blue Mountains im Osten von Oregon – und er wächst noch immer.

Auf einem durchschnittlichen Kirschbaum wachsen 7000 Kirschen.

**Eine Kerbe in einem Baumstamm
bleibt immer auf gleicher Höhe,
auch wenn der Baum wächst.**

*Der Winkel zwischen dem Stamm und
den Ästen eines Baums ist bei allen
Bäumen einer Art gleich.*

Pflanzen wachsen schneller,
wenn man sie mit
warmem statt
mit kaltem
Wasser gießt.

1,25 Millionen
Orchideen-
samen wiegen
zusammen
ein Gramm.

Das Laubdach des Regenwaldes ist so dicht, dass nur etwa ein Prozent des Sonnenlichts den Boden erreicht.

• •

Der älteste Rosenstrauch der Welt steht am Dom von Hildesheim und soll über 1000 Jahre alt sein.

• •

Die größte Blütenpflanze der Welt ist 70 Millionen Mal so groß wie die kleinste.

Die Riesenseerose wächst pro Tag etwa zwölf Zentimeter.

Im Regenwald am Amazonas wurden auf gut zwei-
einhalb Quadratkilometern bis zu 3000 Baumarten
gezählt.

Millionen von Bäumen werden von Eich-
hörnchen gepflanzt: Sie vergraben Nüsse
und vergessen dann, wo sie liegen.

Manche Bambuspflanzen wachsen bis
zu einen Meter pro Tag.

Die Rinde von Mammutbäumen ist feuerfest.

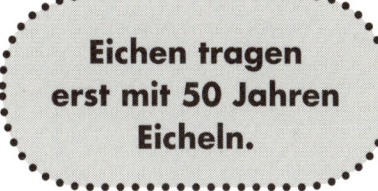

**Eichen tragen
erst mit 50 Jahren
Eicheln.**

Der kleinste Baum der Welt ist die Krautweide,
die in Grönland und anderen arktischen
Ländern wächst.

Auf Herz und Nieren

**Im alten China hieß es,
dass Mit-den-Armen-Schwingen gegen
Kopfschmerzen hilft.**

Chirurgen, die
drei Stunden pro
Woche Computer
spielen, machen
bei Operationen
weniger Fehler.

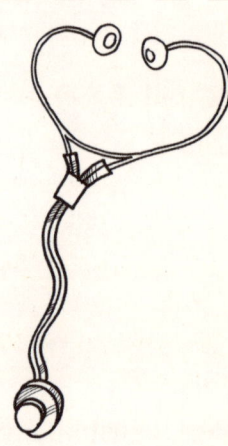

Früher glaubte man, dass Malaria durch
Dämpfe aus Sümpfen ausgelöst wird. Malaria
bedeutet wörtlich „schlechte Luft".

Mutige Mediziner

Die erste Bluttransfusion fand 1668 statt.
Der Arzt verwendete das Blut eines Schafs,
und der Patient starb. Die erste erfolgreiche
Transfusion – diesmal mit Menschenblut –
erfolgte 1818.

~~~~~~~~~~~~~~~~~~~~~~~~~

Die erste Hornhaut-
transplantation an einem Auge
fand 1905 statt.

~~~~~~~~~~~~~~~~~~~~~~~~~

1954 erhielt Richard Herrick
als erster Mensch erfolgreich
eine Spenderniere.
Der Spender war sein
Zwillingsbruder Ronald.

Dr. Christiaan Barnard
führte 1967 in Kapstadt
in Südafrika die erste
Herztransplantation durch.

Erste Lebertransplantation:
1963

❦

Erste Bauchspeicheldrüsentransplantation:
1966

❦

Erste Herz-Leber-Transplantation:
1984

❦

Erste Herz-Leber-Nieren-Transplantation:
1989

❦

Erste Handtransplantation:
1998

❦

Erste Gesichtstransplantation:
2005

SACHEN GIBT'S, DIE GIBT'S GAR NICHT

Der Musikantenknochen ist kein Knochen, sondern ein Nerv.

Sternschnuppen sind keine Sterne, sondern Meteore.

Bleistifte enthalten kein Blei, sondern Grafit.

Erdnüsse sind keine Nüsse, sondern Hülsenfrüchte.

Das Kaspische Meer ist ein See.

Sandpapier enthält keinen Sand.

Schon mal gehört?

Obdormition:
wenn ein Arm oder ein Bein einschläft, weil zu viel Druck auf einen Nerv ausgeübt wurde

Pinne:
das Ende des Hammers, das der Fläche, mit der man zuschlägt (der Bahn), gegenüberliegt

Tragus:
die kleine Knorpelerhöhung direkt vor dem Ohr

Ullage:
der Freiraum zwischen der Oberfläche einer Flüssigkeit und dem Rand des Behälters, zum Beispiel bei Benzin im Tank oder Limo in einer Flasche

Erl:
der Teil einer Messerklinge, der bis in den Griff hineinreicht

Brannock-Gerät:
der Schieber, der in Schuhgeschäften zur Ausmessung der Schuhgröße eines Kunden verwendet wird

POTZ BLITZ!

**Die Wettervorhersage
für einen Tag erfordert
etwa zehn Milliarden
Berechnungen.**

1988 wurden in Bangladesch 92 Menschen
von riesigen Hagelkörnern erschlagen, die bis
zu einem Kilogramm wogen.

Ein durchschnittlicher Hagelschauer dauert
15 Minuten.

Schmutziger Schnee schmilzt schneller
als sauberer.

Am 12. November 1970 wurde Bangladesch vom
schlimmsten Zyklon der Welt getroffen.
Etwa 200 000 Menschen kamen ums Leben.

> **In zehn Minuten setzt ein Hurrikan mehr Energie frei als alle Atomwaffen der Welt zusammen.**

> **Starker Regen prasselt mit einer Geschwindigkeit von über 30 Kilometer pro Stunde auf die Erde.**

Alle Schneekristalle sind sechseckig.

Am 14. August 1979 war in Nordwales drei Stunden lang ein Regenbogen zu sehen.

Um einen Regenbogen zu sehen, muss man mit dem Rücken zur Sonne stehen.

Ein Regenbogen erscheint nur dann, wenn die Sonne höchstens 40° über dem Horizont steht.

Das schlimmste Flusshochwasser der Welt ereignete sich im August 1931 am Huang He (Gelber Fluss) in China. Dabei starben etwa 3,7 Millionen Menschen.

Etwa 200-mal pro Sekunde trifft ein Blitz auf die Erde.

Wenn das Eis in der Antarktis schmilzt, würde der Meeresspiegel um 75 Meter steigen und 25 Prozent der Landfläche der Erde überfluten.

Eine Schneeflocke ist bis zu einer Stunde unterwegs, bevor sie landet.

Ein normaler Regentropfen fällt mit etwa elf Kilometer pro Stunde.

Ein Zentimeter Regen entspricht zehn Zentimetern Schnee.

Um einen Teelöffel mit Nebel zu füllen,
bräuchte man sieben Milliarden Nebel-
teilchen. Eine Milliarde Kubikmeter Nebel
besteht aus gerade mal einem Liter Wasser.

**Das Wasser, das wir
trinken, ist drei Milliarden
Jahre alt.**

WUSSTEST DU SCHON ...

Ist Popelessen ungesund?

Einer Statistik zufolge essen nur drei Prozent der Menschen ihre Popel. Der österreichische Arzt Dr. Friedrich Bischinger sagt, dass Menschen, die in der Nase bohren, gesünder, glücklicher und wahrscheinlich zufriedener mit ihrem Körper sind als Menschen, die das nicht tun.

Das eigentliche Problem des In-der-Nase-Popelns ist nicht, dass man etwas Ekliges finden könnte, sondern, dass man Schmutz in die Nase hineinbringt. Wenn du also in der Nase bohrst, solltest du dir vorher die Hände waschen. Nach diesem Gesundheitshinweis zitieren wir

noch einmal Dr. Bischinger: „Mit dem Finger kann man Stellen erreichen, die mit dem Taschentuch unzugänglich sind, und so die Nase besser sauber halten. Die trockenen Überreste, die man dort findet, aufzuessen, stärkt das Immunsystem. Medizinisch gesehen ist das sehr sinnvoll und auch vollkommen natürlich. Denn die Nase dient als Filter, in dem viele Bakterien aufgefangen werden. Wenn diese Mischung in den Darm gelangt, wirkt sie wie ein Medikament."

Dr. Bischinger empfiehlt daher, Kinder zu ermutigen, in der Nase zu popeln.

Damit hast du es schwarz auf weiß: Du kannst deine Popel essen!

PS: Dein Ohrenschmalz solltest du allerdings nicht essen. Das ist weniger gesund.

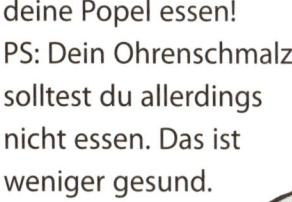

Sind wir die einzigen Lebewesen, die in der Nase bohren?

Nachdem wir gerade festgestellt haben, dass Popel-essen (aber nur die eigenen) gesund ist, gehen wir einen Schritt weiter und fragen: Sind wir, die Spezies Homo sapiens, die Einzigen, die in der Nase bohren?
Ja und nein. Es gibt keine anderen Lebe-wesen, die in der Nase bohren, mit dem Ziel, Popel herauszuholen (was beweist, dass

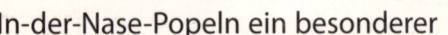

In-der-Nase-Popeln ein besonderer Zeitvertreib ist). Aber es gibt Tiere, die beim all-gemeinen Kratzen recht gründlich in der Nase bohren. Kapuzineräffchen gehen da sogar einen Schritt weiter als wir und bohren in der Nase ihrer Artgenossen – als Zeichen der Freundschaft.

Wer zeichnete die erste Weltkarte?

Das war der griechische Philosoph Anaximander, der im sechsten Jahrhundert v. Chr. lebte. Er zeich-nete die Weltkarte, um die Seefahrt und den

Handel zu fördern und die ionischen Staaten davon zu überzeugen, dass ein Zusammenschluss sinnvoll wäre. Außerdem interessierten Karten ihn brennend. Interessanterweise war er nicht nur der erste Geograf, sondern begründete auch die Astronomie und soll die Sonnenuhr erfunden haben. Anaximander vermutete als Erster, dass die Erde frei im Weltall schwebt, und nicht etwa von Schildkröten, Elefanten oder einem riesigen Meer getragen wird – wie man damals glaubte.

DA BIN ICH ABER ERLEICHTERT!

Wer erfand das Kaleidoskop? Und verdiente er viel Geld damit?

Wie du sicher weißt, ist ein Kaleidoskop eine Röhre, in die du hineinschaust. Wenn du sie dann drehst, siehst du eine Folge von geometrischen Mustern. Diese entstehen dadurch, dass bunte Glassteinchen am Ende der Röhre durcheinandergeschüttelt werden und kleine Spiegel die Muster reflektieren, die dabei entstehen.

Das Kaleidoskop wurde 1817 von Sir David Brewster erfunden. Er gab seiner Erfindung einen griechischen Namen: Kaleidoskop bedeutet „Beobachter schöner Formen".

Sir David Brewster war ein Wunderkind. Mit zehn Jahren baute er sein erstes Teleskop und mit zwölf begann er, an der Universität zu studieren. Er gehört zu den größten Physikern seiner Zeit und hinterließ eine Reihe faszinierender wissenschaftlicher Instrumente. Er würde sich bestimmt wundern, dass von seinen vielen Erfindungen diejenige am bekanntesten ist, die als Spielzeug verwendet wird. Brewster selber hielt das Kaleidoskop nämlich für ein nützliches Hilfsmittel zum Entwerfen von Teppichmustern. Weil er einen Fehler beim Ausfüllen des Patent-Formulars gemacht hatte, verdiente er nie Geld mit seiner Erfindung.

Diamanten sind die härtesten Steine. Wie kann man sie schneiden?

Diamanten besitzen genau wie Holz eine Faser-richtung. Entlang dieser Fasern kann man sie mit einer harten Axt spalten. Quer zu den Fasern können sie nur mit einem Spezialwerkzeug geschnitten werden, dessen Klinge – man glaubt es kaum – aus Diamant besteht.

Warum blasen wir in die Suppe, damit sie kälter wird, und in unsere Hände, damit sie wärmer werden?

Das klingt ziemlich widersprüchlich, oder? Dabei ist es recht einfach. Nehmen wir an, dass unser Atem immer gleichmäßig 37 °C warm ist. Die

Suppe ist etwa 80 °C heiß – also ist der Atem kälter und kühlt sie ab.

Und jetzt zu den Händen: Wenn es draußen kalt ist, sind sie vielleicht 10 °C warm. Dein Atem ist immer noch 37 °C warm. Also ist er wärmer als die Hände und kann sie aufwärmen.

Dieselbe Taktik – unterschiedliche Wirkung.

Woher weiß die Kopfschmerztablette, dass sie im Kopf wirken muss und nicht in einem anderen Körperteil?

Sie weiß es gar nicht. Und sie wandert auch nicht in den Kopf (oder in den Fuß oder wo auch immer es sonst wehtut). Stattdessen blockiert sie das Schmerzgefühl oder reduziert Entzündungen im gesamten Körper, je nach Art der Tablette.

Warum wird Sahne steif, wenn man sie schlägt?

Sahne wird fest, wenn man sie schlägt, weil sie mit Luft vermischt wird. Ein Netz aus Fetttröpfchen in der Sahne fängt Luftbläschen ein, und dadurch verdoppelt sich das Volumen der Sahne.

Gibt es jemanden, der in jedem Land der Erde war? (Das sind 193 Länder!)

Es lässt sich nicht feststellen, wie viele Menschen das schon geschafft haben, denn sie erzählen nicht unbedingt davon. Wir wissen aber, dass Maurizio Giuliano, der in Oxford und in Cambridge studiert hat, jedes einzelne Land der Welt bereist hat.

Und das hat er schon im Alter von 29 Jahren geschafft. Er war 28 Jahre und 361 Tage alt, als er nach Surinam kam, dem letzten noch fehlenden Land auf seiner Liste.

Wusstest du schon?

Mitchell Symons

Warum heißt Batman in Schweden Läderlappen?
Verrückte Fakten über die Welt

In Australien leben mehr Schafe als Menschen.
Über die Hälfte der Erdbevölkerung hat noch nie telefoniert.
Tonga ist das einzige Land mit bananenförmigen Briefmarken.

Faszinierende und verblüffende Fakten über die ganze Welt.
Zum Kaputtlachen und Angeben!

ISBN 978-3-473-**53128**-8

www.ravensburger.de

RTB_13_025

LESEPROBE

„Verrückte Fakten über die Welt"
von Mitchell Symons
ISBN 978-3-473-53128-8

Die Mitglieder des afrikanischen Dogon-Volkes reiben sich mit gebratenen Zwiebeln ein, weil sie den Duft so verführerisch finden.

In Monaco ist das Nationalorchester größer als die Armee.

In russischen Märchen gibt es die Hexe Baba Jaga. Sie hat Zähne aus Eisen, fliegt in einem Mörser durch die Gegend, frisst Kinder und lebt in einer Hütte auf Hühnerfüßen.

Brasilien hat als einziges Land an allen bisherigen Fußballweltmeisterschaften teilgenommen. Sie haben auch öfter gewonnen als alle anderen, nämlich fünfmal (zuletzt 2002).

Der einzige Golfplatz auf Tonga hat nur 15 Löcher. Und es gibt keine Strafe, wenn ein Affe den Ball klaut.

Die Yonge Street in Kanada ist mit 1896 Kilometern die längste Straße der Welt. Sie beginnt am Ontariosee, teilt sich in Toronto in Richtung Ost und West und endet in Rainy River.